The Chord Songbook
Bob Dylan

T0055169

Wise Publications
London / New York / Paris / Sydney / Copenhagen / Berlin / Madrid / Hong Kong / Tokyo

Exclusive Distributors:

Music Sales Limited
14-15 Berners Street,
London W1T 3LJ, England.
Music Sales Pty Limited
20 Resolution Drive,
Caringbah, NSW 2229, Australia.

Order No. AM959706
ISBN 978-0-7119-7776-1
This book © Copyright 2000 by Wise Publications

Compiled by Nick Crispin
Music arranged by Rikky Rooksby
Music engraved by The Pitts

Cover photograph by Ken Regan

Printed in the EU.

Your Guarantee of Quality
As publishers, we strive to produce every book
to the highest commercial standards.
This book has been carefully designed to minimise awkward
page turns and to make playing from it a real pleasure.
Particular care has been given to specifying acid-free,
neutral-sized paper made from pulps which have not been
elemental chlorine bleached. This pulp is from farmed sustainable
forests and was produced with special regard for the environment.
Throughout, the printing and binding have been planned to
ensure a sturdy, attractive publication which should give years
of enjoyment. If your copy fails to meet our high standards,
please inform us and we will gladly replace it.

www.musicsales.com

Don't Think Twice, It's All Right

Words & Music by
Bob Dylan

Capo fourth fret

Intro | C   G | Am Am/G F | C   G⁷ | C   ‖

Verse 1

     C   G   Am   Am/G
It ain't no use to sit and wonder why, babe
F   C   G⁷
   It don't matter anyhow
      C   G   Am   Am/G
An' it ain't no use to sit and wonder why, babe
D⁷   G G⁷
   If you don't know by now
           C   C⁷
When your rooster crows at the break of dawn
F   D⁷
   Look out your window and   I'll be gone
C/G   G   Am Am/G F
You're the reason I'm trav'lin'   on
C/G   G   C
Don't think twice, it's all right

Link 1 | C   G | Am Am/G | F | C | C |

Verse 2

```
      C            G              Am          Am/G
It ain't no use in turnin' on your light, babe
        F        C        G7
That light I never knowed
          C            G              Am          Am/G
An' it ain't no use in turnin' on your light, babe
D7                             G     G7
   I'm on the dark side of the road
          C                              C7
Still I wish there was something you would   do or say
      F                        D7
To try and make me change my mind and stay
        C/G   G          Am    Am/G    F
We never did too much talkin' anyway
        C/G      G          C
So don't think twice, it's all right
```

Link 2   As Link 1

Verse 3

```
      C            G              Am          Am/G
It ain't no use in callin' out my name, gal
F                                 C     G7
    Like you never did before
      C            G              Am          Am/G
It ain't no use in callin' out my name, gal
D7                             G     G7
    I can't hear you anymore
          C                              C7
I'm a-thinkin' and a-wond'rin' all the way down the road
      F                  D7
I once loved a woman, a child I'm told
      C/G       G          Am    Am/G    F
I give her my heart but she wanted my soul
        C/G      G          C
But don't think twice, it's all right
```

Link 3 | C   G | Am   Am/G | F | C   G | C | C |

Verse 4

    C   G   Am
I'm walkin' down that long, lonesome road, babe

Am/G   F   C   G7
Where I'm bound, I can't tell

      C   G   Am   Am/G
But goodbye's too good a word, gal

D7   G   G7
   So I'll just say fare thee well

C   C7
I ain't sayin' you treated me unkind

    F   D7
You could have done better but   I don't mind

C/G   G   Am   Am/G F
You just kinda wasted my   pre - cious   time

     C/G   G   C
But don't think twice, it's all right

Coda | C   G | Am   Am/G | F | C | C   G | Am   Am/G |

| D7 | G   G7 | C | C7 | F | D7 |

| C/G   G | Am   Am/G   F | C   G | C   F | C   ‖

All Along The Watchtower

Words & Music by
Bob Dylan

Capo fourth fret

Intro

‖: Am G │ F   G │ Am G │ F   G :‖

Verse 1

Am   G   F   G
   "There must be some way out of here,"
Am   G   F   G
   Said the joker to the thief
Am   G   F   G
   "There's too much confusion,
Am   G   F   G
   I can't get no relief
Am   G   F   G
   Businessmen, they drink my wine,
Am   G   F   G
   Plowmen   dig my earth
Am   G   F   G
   None of them along the line
Am   G   F   G
   Know what any of it is worth"

Link

‖: Am G │ F   G │ Am G │ F   G :‖

Verse 2

Am   G   F   G
   "No reason to get excited,"
Am   G   F   G
   The thief, he kindly spoke
Am   G   F   G
   "There are many here among us
Am   G   F   G
   Who feel that life is but a joke

cont.

Am   G   F   G
But you and I, we've been through that,

Am   G   F   G
And this is not our fate

Am   G   F   G
So let us not talk falsely now,

Am   G   F   G
The hour is getting late"

Link

‖: Am G | F   G | Am G | F   G :‖

Verse 3

Am   G   F   G
All along the watchtower,

Am   G   F   G
Princes kept the view

Am   G   F   G
While all the women came and went,

Am   G   F   G
Barefoot servants, too

Am   G   F   G
Outside in the distance

Am   G   F   G
A wildcat did growl

Am   G   F   G
Two riders were approaching,

Am   G   F   G
The wind began to howl

Coda

| Am G | F   G | Am G | F   G |

| Am G | F   G | Am   ‖

Blowin' In The Wind

Words & Music by
Bob Dylan

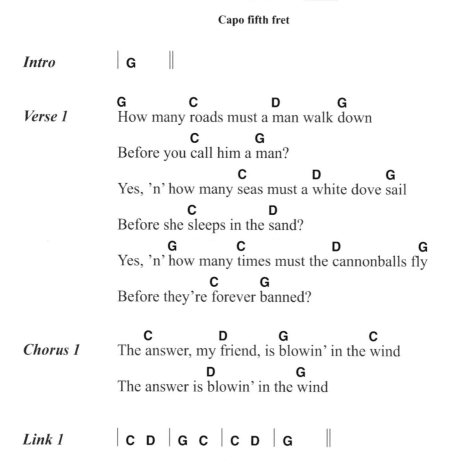

Capo fifth fret

Intro | G ‖

Verse 1
```
G             C              D          G
How many roads must a man walk down
              C        G
Before you call him a man?
                  C         D          G
Yes, 'n' how many seas must a white dove sail
              C         D
Before she sleeps in the sand?
              G         C           D           G
Yes, 'n' how many times must the cannonballs fly
              C      G
Before they're forever banned?
```

Chorus 1
```
        C           D       G           C
The answer, my friend, is blowin' in the wind
              D            G
The answer is blowin' in the wind
```

Link 1 | C D | G C | C D | G   ‖

Verse 2

           G   C   D   G
How many years can a mountain exist
                 C   G
Before it's washed to the sea?
                          C   D   G
Yes, 'n' how many years can some people exist
                    C   D
Before they're allowed to be free?
               G   C   D   G
Yes, 'n' how many times can a man turn his head
                    C   G
Pretending he just doesn't see?

Chorus 2   As Chorus 1

Link 2 | C D | G C | C D | G ||

Verse 3

                  C   D   G
How many times must a man look up
                  C   G
Before he can see the sky?
                     C   D   G
Yes, 'n' how many ears must one man have
                  C   D
Before he can hear people cry?
             G   C   D   G
Yes, 'n' how many deaths will it take till he knows
                  C   G
That too many people have died?

Chorus 3   As Chorus 1

Coda | C D | G C | C D | G ||

Forever Young

Words & Music by
Bob Dylan

D   F#m/C#   Em7   G   A7sus4   A7   A   Bm

Intro | D | D | D | D ||

Verse 1

     D
May God bless and keep you always
    F#m/C#
May your wishes all come true
    Em7
May you always do for others
   G   **D**
And let others do for you
    D
May you   build a ladder to the stars
    F#m/C#
And climb on every rung
      Em7 **A7sus4** **A7**
May you stay
    D
Forever young

Chorus 1

     A   **Bm**
Forever young, forever young
     D **A**   **D**
May you   stay   forever young

Verse 2

     D
May you grow up to be righteous
     F#m/C#
May you grow up to be true
    Em7
May you always know the truth
    G   **D**
And see the lights surrounding you

cont.

D
May you always be courageous
  F♯m/C♯
Stand upright and be strong
    Em⁷ **A⁷sus⁴** **A⁷**
May you stay
  D
Forever young

Chorus 2

   A   **Bm**
Forever young, forever young
     D **A**   **D**
May you stay forever young

Verse 3

    D
May your hands always be busy
      F♯m/C♯
May your feet always be swift
   G
May you have a strong foundation
           D
When the winds of changes shift
    D
May your heart always be joyful
    F♯m/C♯
May your song always be sung
      G **A⁷sus⁴** **A⁷**
May you stay
   D
Forever young

Chorus 3

   A   **Bm**
Forever young, forever young
     D **A**   **D**
May you stay forever young

Coda

D	F♯m/C♯	G	G	D	D	
D	F♯m/C♯	G	A	D	D	
A	A	Bm	Bm	
D	A	D	D	‖

I Shall Be Released

Words & Music by
Bob Dylan

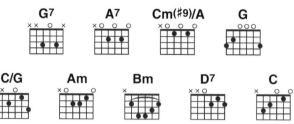

Capo second fret

Intro

| G⁷ A⁷ Cm(♯9)/A | G C/G G ||

Verse 1

```
G                              Am
    They say ev'rything can be replaced
Bm          D⁷           G   C/G
    Yet ev'ry distance is not near
G                         Am
    So I remember ev'ry face
Bm                     D⁷    G   C/G
    Of ev'ry man who put me here
```

Chorus 1

```
G                         Am
    I see my light come shining
Bm          C      D⁷   G
    From the west unto the east
                 Am
Any day now,   any day now
Bm   D⁷        G
    I   shall be released
```

Verse 2

```
G                                Am
    They say ev'ry man needs protection
Bm          D⁷              G   C/G
    They say ev'ry man must fall
G                         Am
    Yet I swear I see my reflection
Bm                  D⁷          G   C/G
    Some place so high above this wall
```

Chorus 2

G   Am
I see my light come shining
Bm   C   D7   G
From the west unto the east
                  Am
Any day now, any day now
Bm D7   G
I   shall be released

Link 1

| G | Am | Bm D7 | G C/G G |

| G | Am | Bm D7 | G C/G G |

| G | G C/G ‖

Verse 3

G   Am
Standing next to me in this lonely crowd
Bm   D7   G   C/G
Is a man who swears he's not to blame
G   Am
All day long I hear him shout so loud
Bm   D7   G   C/G
Crying out that he's been framed

Chorus 3

G   Am
I see my light come shining
Bm   D7   G
From the west unto the east
                  Am
Any day now, any day now
Bm D7   G
I   shall be released

Link 2

| G | Am | Bm D7 | G C/G G |

| G | Am | Bm D7 | G C/G G |

| G | G C/G ‖ *To fade*

I'll Be Your Baby Tonight

Words & Music by
Bob Dylan

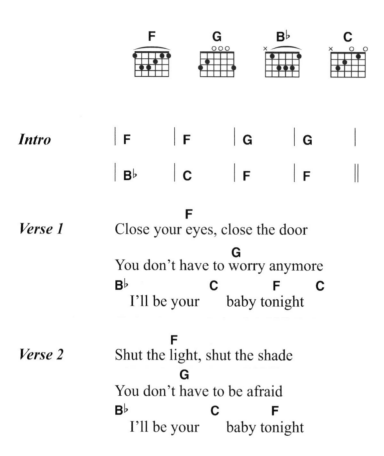

Intro | F | F | G | G |

| B♭ | C | F | F ||

Verse 1

                  F
Close your eyes, close the door

                          G
You don't have to worry anymore

B♭   **C**   **F**   **C**
    I'll be your   baby tonight

Verse 2

                 F
Shut the light, shut the shade

               G
You don't have to be afraid

B♭   **C**   **F**
    I'll be your   baby tonight

Bridge

B♭

Well, that mockingbird's gonna sail away

F

  We're gonna forget it

    G

That big, fat moon is gonna shine like a spoon

    C   **N.C.**

But   we're gonna let it

You won't regret it

Verse 3

    F

Kick your shoes off, do not fear

    G

Bring that bottle over here

B♭   **C**   **F**

  I'll be your   baby tonight

Outro

| **F** | **F** | **G** | **G** | |

| **B♭** | **C** | **F** | **F** | ‖ *To fade* |

It Ain't Me Babe

Words & Music by
Bob Dylan

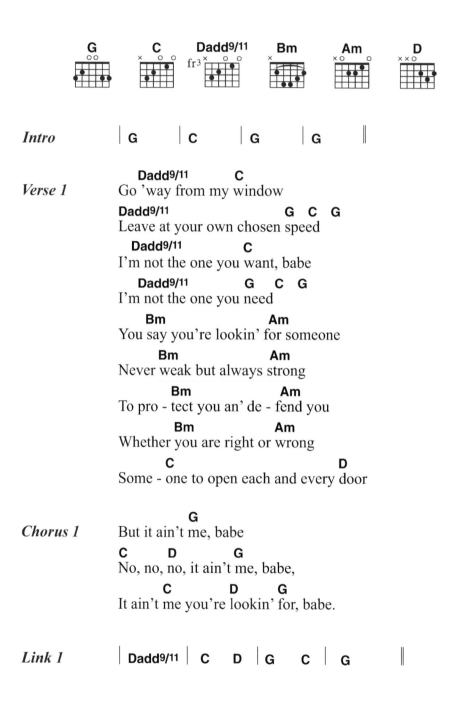

Intro | G | C | G | G ‖

Verse 1

Dadd9/11   C
Go 'way from my window

Dadd9/11   G C G
Leave at your own chosen speed

Dadd9/11   C
I'm not the one you want, babe

Dadd9/11   G C G
I'm not the one you need

Bm   Am
You say you're lookin' for someone

Bm   Am
Never weak but always strong

Bm   Am
To pro - tect you an' de - fend you

Bm   Am
Whether you are right or wrong

C   D
Some - one to open each and every door

Chorus 1

G
But it ain't me, babe

C D   G
No, no, no, it ain't me, babe,

C   D G
It ain't me you're lookin' for, babe.

Link 1 | Dadd9/11 | C D | G C | G ‖

Dadd9/11   **C**
Go lightly from the ledge, babe
Dadd9/11   **G**   **C** **G**
Go lightly on the ground
    Dadd9/11   **C**
I'm not the one you want, babe
      Dadd9/11   **G**   **C** **G**
I will only let you down
     Bm   **Am**
You say you're lookin' for someone
       Bm   **Am**
Who will promise never to part
     Bm   **Am**
Some - one to close his eyes for you
     Bm   **Am**
Some - one to close his heart
     C   **D**
Some - one to die for you an' more

Chorus 2   As Chorus 1

Link 2 | **Dadd9/11**| **C** | **Dadd9/11**| **G**   **C** | **G**   ‖

     Dadd9/11   **C**
Verse 3   Go melt back in the night, babe
Dadd9/11   **G**   **C** **G**
Everything inside is made of stone
      Dadd9/11   **C**
There's nothing in here moving
Dadd9/11   **G**   **C** **G**
An' anyway I'm not alone
     Bm   **Am**
You say you're looking for someone
           Bm   **Am**
Who'll pick you up each time you fall
     Bm   **Am**
To gather flowers constantly
      Bm   **Am**
An' to come each time you call
    C   **D**
A lover for your life an' nothing more

Chorus 3   As Chorus 1

Outro | **Dadd9/11** | **C** | **Dadd9/11** | **G**   **C** | **G**   ‖

It's All Over Now, Baby Blue

Words & Music by
Bob Dylan

C   G7/D   F/C   Dm   Csus4   E   F   Fadd9

Capo fourth fret

⑥ = C   ③ = G
⑤ = A   ② = B
④ = D   ① = E

Intro | C | C | C | C ‖

Verse 1

G7/D   F/C   C
You must leave now, take what you need, you think will last
      G7/D   F/C   C
But whatever you wish to keep, you better grab it fast
Dm   F/C   C   Csus4   C
Yonder stands your orphan with his gun
Dm   F/C   C   Csus4   C
Crying like a fire in the sun
E   F   G7/D
Look out the saints are comin' through
   Dm   Fadd9   C
And it's all over now, Baby Blue

Verse 2

    G7/D   F/C   C
The highway is for gamblers, better use your sense
G7/D   F/C   C
Take what you have gathered from coincidence
   Dm   F/C   C   Csus4   C
The empty-handed painter from your streets
   Dm   F/C   C   Csus4   C
Is drawing crazy patterns on your sheets
E   F   G7/D
This sky, too, is folding under you
   Dm   Fadd9   C
And it's all over now, Baby Blue

Verse 3

G7/D   F/C   C
All your seasick sailors, they are rowing home
   G7/D   F/C   C
All your reindeer armies, are all going home
     Dm   F/C   C   Csus4 C
The lover who just walked out your door
     Dm   F/C   C   Csus4 C
Has taken all his blankets from the floor
   E   F   G7/D
The carpet, too, is moving under you
   Dm   Fadd9   C
And it's all over now, Baby Blue

Link

| G7/D F/C| C | G7/D F/C| C |

| Dm F/C | C Csus4 C | Dm F/C | C |

| E   F | G7/D | Dm Fadd9 | C ||

Verse 4

               G7/D   F/C   C
Leave your stepping stones behind, something calls for you
   G7/D   F/C   C
Forget the dead you've left, they will not follow you
     Dm   F/C   C   Csus4 C
The vagabond who's rapping at your door
    Dm   F/C   C   Csus4 C
Is standing in the clothes that you once wore
E   F   G7/D
Strike another match, go start anew
   Dm   Fadd9   C   Csus4 C
And it's all over now, Baby Blue

Coda

| G7/D | C ||

Knockin' On Heaven's Door

Words & Music by
Bob Dylan

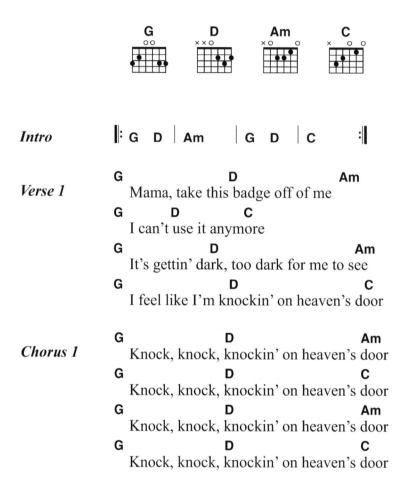

Intro ‖: G D | Am | G D | C :‖

Verse 1

G   D   Am
Mama, take this badge off of me

G   D   C
I can't use it anymore

G   D   Am
It's gettin' dark, too dark for me to see

G   D   C
I feel like I'm knockin' on heaven's door

Chorus 1

G   D   Am
Knock, knock, knockin' on heaven's door

G   D   C
Knock, knock, knockin' on heaven's door

G   D   Am
Knock, knock, knockin' on heaven's door

G   D   C
Knock, knock, knockin' on heaven's door

Verse 2

G   D   Am
Mama, put my guns in the ground

G   D   C
I can't shoot them anymore

G   D   Am
That long black cloud is comin' down

G   D   C
I feel like I'm knockin' on heaven's door

Chorus 2

G   D   Am
Knock, knock, knockin' on heaven's door

G   D   C
Knock, knock, knockin' on heaven's door

G   D   Am
Knock, knock, knockin' on heaven's door

G   D   C
Knock, knock, knockin' on heaven's door

Coda | G D | Am | G D | C   ‖ *To fade*

Lay Lady Lay

Words & Music by
Bob Dylan

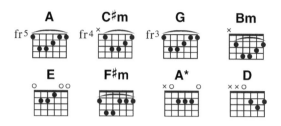

Intro   ‖: A   C♯m │ G   Bm :‖

Chorus 1
A   C♯m G   Bm   A   C♯m G Bm
Lay, lady, lay,   lay across my big brass bed
A   C♯m G   Bm   A   C♯m G Bm
Lay, lady, lay,   lay across my big brass bed

Verse 1
E   F♯m   A*
Whatever colors you have in your mind
E   F♯m A*
I'll show them to you and you'll see them shine

Chorus 2
A   C♯m G   Bm   A   C♯m G Bm
Lay, lady, lay,   lay across my big brass bed
A   C♯m G   Bm   A C♯m G Bm
Stay, lady, stay,   stay with your man awhile
A   C♯m G   Bm   A C♯m G Bm
Until the break of day,   let me see you make him smile

Verse 2
E   F♯m   A*
His clothes are dirty but his hands are clean
E   F♯m   A*
And you're the best thing that he's ever seen

Chorus 3
A   C♯m G   Bm   A C♯m G Bm
Stay, lady, stay,   stay with your man awhile

Bridge 1

C♯m   E   D   A*
Why wait any longer for the world to begin

C♯m   Bm   A*
You can have your cake and eat it too

C♯m   E   D A*
Why wait any longer for the one you love

                C♯m   Bm
When he's standing in front of you

Chorus 4

A   C♯m G   Bm   A C♯m G Bm
Lay, lady, lay,   lay across my big brass bed

A   C♯m G   Bm   A   C♯m G Bm
Stay, lady, stay,   stay while the night is still ahead

Verse 3

E   F♯m   A*
I long to see you in the morning light

E   F♯m   A*
I long to reach for you in the night

Chorus 5

A   C♯m G   Bm   A   C♯m G Bm
Stay, lady, stay,   stay while the night is still ahead

Coda

| A* Bm | C♯m D | A*   ‖

23

Like A Rolling Stone

Words & Music by
Bob Dylan

C   Fmaj7   Dm   Em   F   G

Intro | C Fmaj7 | C Fmaj7 | C Fmaj7 | C Fmaj7 ||

Verse 1
C   Dm
Once upon a time you dressed so fine
        Em   F   G
You threw the bums a dime in your prime,   didn't you?
C   Dm   Em
People'd call, say "Beware, doll, you're bound to fall"
                  F   G
You thought they were all   kiddin' you
F   G
   You used to   laugh about
F   G
   Everybody that was   hangin' out
F   Em   Dm   C
   Now you don't talk so loud
F   Em   Dm   C
   Now you don't seem so proud
   Dm   F   G
About having to be scrounging   for your next meal

Chorus 1
                  C   F G
How does it feel
                  C   F G
How does it feel
                      C   F G
To be without a home
                        C   F G
Like a complete unknown
                  C   F G
Like a rolling stone?

<pre>
                        C   Dm   Em
Verse 2   You've gone to the finest school all right, Miss Lonely
                          F   G
             But you know you only used to get juiced in it
                    C   Dm   Em
             And nobody has ever taught you how to live on the street
                                        F   G
             And now you find out you're gonna have to get used to it
             F   G
                You said you'd never compromise
             F   G
                With the mystery tramp, but now you realize
             F   Em   Dm C
                He's not selling any alibis
             F   Em   Dm   C
             As you stare into the vacuum of his eyes
                  Dm   F   G
             And ask him do you want to   make a deal?

                            C   F G
Chorus 2   How does it feel
                            C   F G
             How does it feel
                          C   F G
             To be on your own
                            C   F G
             With no direction home
                          C   F G
             A complete unknown
                          C   F G
             Like a rolling stone?

Link 2 | C   F | G | G ||

                    C   Dm
Verse 3   You   never turned around to see the frowns
             Em   F
                On the jugglers and the clowns
                                        G
             When they all come down and did   tricks for you
                    C   Dm
             You never understood that it ain't no good
                  Em   F   G
             You shouldn't let other people get your   kicks for you
</pre>

25

cont.

    F   **G**
You used to ride on the chrome horse with your diplomat

    F   **G**
Who carried on his shoulder a Siamese cat

    F   **Em**   **Dm**   **C**
Ain't it hard when you discover that

    F   **Em**   **Dm**   **C**
He really wasn't where it's at

Dm
After he took from you everything

    F   **G**
He could steal?

Chorus 3

                     C   **F G**
How does it feel

                     C   **F G**
How does it feel

                      C   **F G**
To be on your own

                        C   **F G**
With no direction home

                         C   **F G**
Like a complete unknown

                    C   **F G**
Like a rolling stone?

Link 3 | **C**   **F** | **G** | **G** ||

Verse 4

    C   **Dm**   **Em**
Princess on the steeple and all the pretty people

           F   **G**
They're drinkin', thinkin' that they got it made

    C   **Dm**
Exchanging all kinds of precious gifts and things

Em   **F**
But you'd better lift your diamond ring,

G
You'd better pawn it babe

    F   **G**
You used to be so amused

    F   **G**
At Napoleon in rags and the language that he used

cont.

    F   Em   Dm   C
Go to him now, he calls you, you can't refuse

    F   Em   Dm   C
When you got nothing you got nothing to lose

Dm   F   G
You're invisible now, you got no secrets to conceal

Chorus 4

                        C   F G
How does it feel

                        C   F G
How does it feel

                           C   F G
To be on your own

                              C   F G
With no direction home

                               C   F G
Like a complete unknown

                         C   F G
Like a rolling stone?

Coda   ‖: C   F | G | C   F | G   :‖   *Repeat to fade*

Just Like A Woman

Words & Music by
Bob Dylan

Intro | E   A   B7 | E | E   A   B7 | E |

Verse 1

       E   **A** **B7 E**   **Esus4 E**
Nobody feels any pain

           A   **B7**   **E** **Esus4 E**
Tonight as I stand inside the rain

A   **B7**
Ev'rybody knows

     A   **B7**
That Baby's got new clothes

     A **G#m F#m E**   **B7**
But late - ly   I   see her ribbons and her bows

      C#m E **A** **B7**
Have fallen from her curls

Chorus 1

       E **G#m** **F#m E A**
She takes just   like a woman, yes, she does

       E   **G#m F#m E A**
She makes love just   like a woman, yes, she does

          E **G#m** **F#m E A**
And she aches just   like a woman

       B7   **E**
But she breaks just like a little girl

Link | A* E* A* B | E*   ‖

Verse 2

```
             E    A    B7 E       Esus4   E
Queen Mary, she's my friend
                        A    B7  E    Esus4   E
Yes, I believe I'll go see her again
        A              B7
Nobody has to guess
        A              B7
That Baby can't be blessed
        A  G♯m   F♯m  E   B7
Til she sees finally that she's like all the rest
              C♯m7          E    A       B7
With her fog, her amphetamine   and her pearls
```

Chorus 2   As Chorus 1

Link 2 | A* E* A* B | E*   ‖

Bridge

```
        G♯7
It was raining from the first

And I was dying there of thirst
      E
So I    came in here
           G♯7
And your    long-time curse hurts

But what's worse
        A
Is this pain in here,
B7
   I can't stay in here

Ain't it clear that –
```

Verse 3

```
E  A  B7  E      Esus4    E
I    just can't fit
                    A       B7  E     Esus4    E
Yes, I believe it's time for us to quit
A                B7
When we meet again
A                B7
Introduced as friends
A      G♯m  F♯m  E  B7
Please don't  let   on  that you knew me when
      C♯m                G♯m  A  B7
I was hungry and it was your       world
```

Chorus 3

```
          E   G♯m  F♯m  E  A
Ah, you fake just   like  a  woman, yes, you do
      E          G♯m  F♯m  E  A
You make love just   like   a   woman, yes, you do
          E   G♯m  F♯m  E  A
Then you ache just   like   a   woman
```

But you break just like a little girl

Link 3 | A* E* A* B | E*   ‖

Coda

```
| E      A  B7 | E Esus4 E | E     A  B7 | E Esus4 E |

| A      B7     | A    B7   | A G♯m  F♯m  E | B7          |

| C♯m  E   A  | B7        | E G♯m  F♯m  E | A         |

| E G♯m F♯m E | A        | E G♯m  F♯m  E | A         |

| B7            | A* E* A* B | E*              ‖
```

Mr. Tambourine Man

Words & Music by
Bob Dylan

D   G/B   A   Em

Capo third fret

⑥ = D   ③ = G
⑤ = A   ② = B
④ = D   ① = E

Intro | D | D   ‖

Chorus 1

G/B   A   D   G/B
Hey! Mr. Tambourine Man, play a song for me
      D   G/B   A
I'm not sleepy and there is no place I'm going to
G/B A   D   G/B
Hey! Mr. Tambourine Man, play a song for me
      D   G/B   A   D
In the jingle jangle morning I'll come followin' you

Verse 1

        G/B   A   D   G/B
Though I know that evenin's empire has returned into sand
D   G/B
Vanished from my hand
      D   G/B Em   A
Left me blindly here to stand but still not sleeping
   G/B   A   D   G/B
My weariness amazes me, I'm branded on my feet
D   G/B
I have no one to meet
      D   G/B Em   A
And the ancient empty street's too dead for dreaming

Chorus 2   As Chorus 1

Link 1 | D | D   ‖

Verse 2

G/B   A   D   G/B
Take me on a trip upon your magic swirlin' ship
     D   G/B   D   G/B
My senses have been stripped, my hands can't feel to grip
     D   G/B
My toes too numb to step
      D   Em   A
Wait only for my boot heels to be wanderin'
   G/B   A   D   G/B
I'm ready to go anywhere, I'm ready for to fade
   D   G/B   D   G/B
Into my own parade, cast your dancing spell my way
 Em   A
I promise to go under it

Chorus 3

G/B   A   D   G/B
Hey! Mr. Tambourine Man, play a song for me
      D   G/B   A
I'm not sleepy and there is no place I'm going to
G/B   A   D   G/B
Hey! Mr. Tambourine Man, play a song for me
      D   G/B   A   D
In the jingle jangle morning I'll come followin' you

Link 2 | D | D   ‖

Verse 3

              G/B   A
Though you might hear laughin', spinnin',
          D   G/B
Swingin' madly across the sun
     D   G/B   D   G/B
It's not aimed at anyone, it's just escapin' on the run
     D   G/B Em   A
And but for the sky there are no fences facin'
   G/B   A   D   G/B
And if you hear vague traces of skippin' reels of rhyme
     D   G/B   D   G/B
To your tambourine in time, it's just a ragged clown behind
          D   G/B
I wouldn't pay it any mind
D   Em   A
It's just a shadow you're seein' that he's chasing

Chorus 4   As Chorus 3

Harmonica | G/B A | D G/B | D G/B | D G/B | D G/B |
solo
              | D G/B | D Em | A | G/B A | D G/B |

              | D G/B | D G/B | D Em | A D | D   ‖

                       G/B   A   D   G/B
Verse 4   Then take me disappearin' through the smoke rings of my mind
                           D   G/B   D   G/B
              Down the foggy ruins of time, far past the frozen leaves
                     D   G/B   D   G/B
              The haunted, frightened trees, out to the windy beach
                       D   G/B   Em   A
              Far from the twisted reach of crazy sorrow
                          G/B   A   D
              Yes, to dance beneath the diamond sky with one hand waving free
                       D   G/B   D   G/B
              Silhouetted by the sea, circled by the circus sands
                           D   G/B   D   G/B
              With all memory and fate driven deep beneath the waves
                           D   Em   A
              Let me forget about today until tomorrow

Chorus 5   As Chorus 3

Coda | G/B A | D G/B | D G/B | D G/B | D G/B ‖ *To fade*

Not Dark Yet

Words & Music by
Bob Dylan

Chords: E A B B/A B/G♯ C♯m (fr4)

Intro
| E | A E | E | E A | E | E | E ‖

Verse 1

E   A   E
   Shadows are falling   and I've been here all day

A   E
It's too hot to sleep,   time is running away

B   B/A   B/G♯   E
   Feel like my soul has turned into steel

C♯m   B   A   E
   I've still got the scars that the sun didn't heal

B   B/A   B/G♯   E
   There's not even room enough   to be anywhere

C♯m   B A   E
   It's not dark yet,   but it's getting there

Link 1
| E | E ‖

Verse 2

E   A   E
   Well, my sense of humanity   has gone down the drain

A   E
Behind every beautiful thing there's been some kind of pain

B   B/A   B/G♯   E
   She wrote me a letter and she wrote it so kind

C♯m   B   A   E
   She put down in writing what was   in her mind

B   B/A   B/G♯   E
   I just don't see why I should even care

C♯m   B A   E
   It's not dark yet,   but it's getting there

Link 2
| E | E ‖

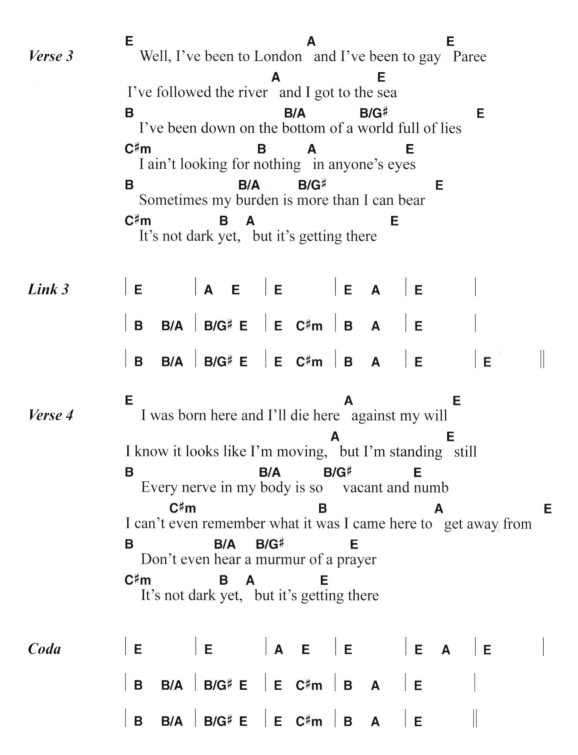

                  E   A   E
Verse 3   Well, I've been to London   and I've been to gay   Paree
                                  A   E
                  I've followed the river   and I got to the sea
                  B   B/A   B/G♯   E
                     I've been down on the bottom of a world full of lies
                  C♯m   B   A   E
                     I ain't looking for nothing   in anyone's eyes
                  B   B/A   B/G♯   E
                     Sometimes my burden is more than I can bear
                  C♯m   B   A   E
                     It's not dark yet,   but it's getting there

Link 3   │ E   │ A   E   │ E   │ E   A   │ E   │

                  │ B   B/A │ B/G♯ E │ E   C♯m │ B   A   │ E   │

                  │ B   B/A │ B/G♯ E │ E   C♯m │ B   A   │ E   │ E   ‖

                  E   A   E
Verse 4   I was born here and I'll die here   against my will
                                          A   E
                  I know it looks like I'm moving,   but I'm standing   still
                  B   B/A   B/G♯   E
                     Every nerve in my body is so   vacant and numb
                            C♯m   B   A   E
                  I can't even remember what it was I came here to   get away from
                  B   B/A   B/G♯   E
                     Don't even hear a murmur of a prayer
                  C♯m   B   A   E
                     It's not dark yet,   but it's getting there

Coda   │ E   │ E   │ A   E   │ E   │ E   A   │ E   │

                  │ B   B/A │ B/G♯ E │ E   C♯m │ B   A   │ E   │

                  │ B   B/A │ B/G♯ E │ E   C♯m │ B   A   │ E   ‖

Quinn The Eskimo (The Mighty Quinn)

Words & Music by
Bob Dylan

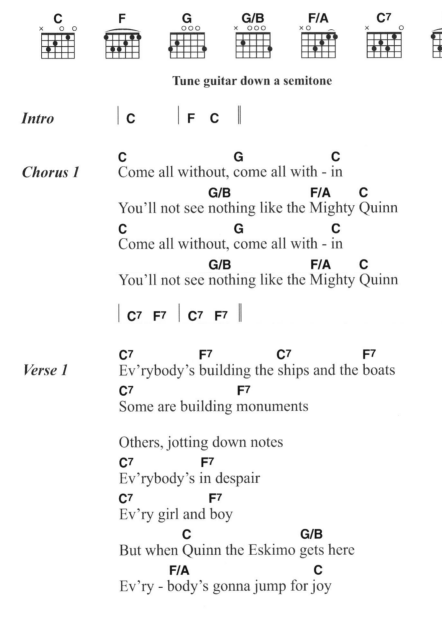

Tune guitar down a semitone

Intro | C | F C ||

Chorus 1
C   G   C
Come all without, come all with - in
                G/B   F/A   C
You'll not see nothing like the Mighty Quinn
C   G   C
Come all without, come all with - in
                G/B   F/A   C
You'll not see nothing like the Mighty Quinn

| C7 F7 | C7 F7 ||

Verse 1
C7   F7   C7   F7
Ev'rybody's building the ships and the boats
C7   F7
Some are building monuments

Others, jotting down notes
C7   F7
Ev'rybody's in despair
C7   F7
Ev'ry girl and boy
                    C   G/B
But when Quinn the Eskimo gets here
        F/A   C
Ev'ry - body's gonna jump for joy

Chorus 2

```
C                G              C
Come all without, come all with - in
                 G/B            F/A    C
You'll not see nothing like the Mighty Quinn
C                G              C
Come all without, come all with - in
                 G/B            F/A    C
You'll not see nothing like the Mighty Quinn
```

| C7 F7 | C7 F7 ‖

Verse 2

```
C7               F7            C7            F7
I like to do just like the rest, I like my sugar sweet
     C7                  F7
But guarding fumes and making haste
   C7             F7
It ain't my cup of meat
C7               F7
Ev'rybody's 'neath the trees
         C7            F7
Feeding pigeons on a limb
         C             G/B
But when Quinn the Eskimo gets here
     F/A                  C
All the pigeons gonna run to him
```

Chorus 3   As Chorus 1

Verse 3

```
C7               F7           C7            F7
A cat's meow and a cow's moo, I can recite 'em all
     C7               F7
Just tell me where it hurts yuh, honey
         C7            F7
And I'll tell you who to call
C7             F7
Nobody can get no sleep
         C7                  F7
There's someone on ev'ryone's toes
         C             G/B
But when Quinn the Eskimo gets here
     F/A                  C
Ev'ry - body's gonna wanna doze
```

Outro

```
‖:  C              G              C
    Come all without, come all with - in
                   G/B            F/A    C
    You'll not see nothing like the Mighty Quinn. :‖ Repeat to fade
```

37

Tangled Up In Blue

Words & Music by
Bob Dylan

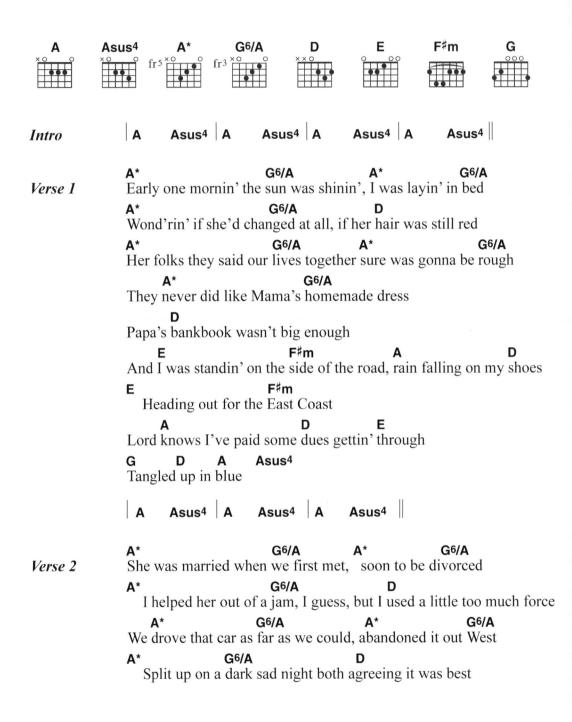

Intro

| A   Asus4 | A   Asus4 | A   Asus4 | A   Asus4 ‖

Verse 1

A*   G6/A   A*   G6/A
Early one mornin' the sun was shinin', I was layin' in bed

A*   G6/A   D
Wond'rin' if she'd changed at all, if her hair was still red

A*   G6/A   A*   G6/A
Her folks they said our lives together sure was gonna be rough

        A*   G6/A
They never did like Mama's homemade dress

        D
Papa's bankbook wasn't big enough

        E   F♯m   A   D
And I was standin' on the side of the road, rain falling on my shoes

E   F♯m
    Heading out for the East Coast

      A   D   E
Lord knows I've paid some dues gettin' through

G   D   A   Asus4
Tangled up in blue

| A   Asus4 | A   Asus4 | A   Asus4 ‖

Verse 2

A*   G6/A   A*   G6/A
She was married when we first met,   soon to be divorced

A*   G6/A   D
    I helped her out of a jam, I guess, but I used a little too much force

      A*   G6/A   A*   G6/A
We drove that car as far as we could, abandoned it out West

A*   G6/A   D
    Split up on a dark sad night both agreeing it was best

cont.

```
E                      F♯m           A              D
She turned around to look at me as I was walkin' away
E                      F♯m
    I heard her say over my shoulder
        A              D              E
"We'll meet again someday on the avenue"
G      D    A    Asus4
Tangled up in blue
```

| A   Asus4 | A   Asus4 | A   Asus4 ‖

Verse 3

```
A*                    G6/A              A*                    G6/A
I had a job in the great north woods working as a cook for a spell
    A*              G6/A              D
But I never did like it all that much and one day the ax just fell
    A*              G6/A              A*         G6/A
So I drifted down to New Orleans where I happened to be employed
A*                    G6/A              D
Workin' for a while on a fishin' boat right outside of Delacroix
E                    F♯m           A              D
But all the while I was alone the past was close behind
E                    F♯m           A              D              E
I seen a lot of women but she never escaped my mind and I just grew
G      D    A    Asus4
Tangled up in blue
```

| A   Asus4 | A   Asus4 | A   Asus4 ‖

Verse 4

```
A*                    G/6A              A*         G6/A
She was workin' in a topless place and I stopped in for a beer
    A*              G6/A              D
I just kept lookin' at the side of her face in the spotlight so clear
    A*         G6/A
And later on as the crowd thinned out
    A*              G6/A
I's just about to do the same
        A*              G6/A
She was standing there in back of my chair
        D
Said to me, "Don't I know your name?"
E                    F♯m
I muttered somethin' underneath my breath
    A              D
She studied the lines on my face
```

cont.

    E   F♯m
I must admit I felt a little uneasy

          A   D   E
When she bent down to tie the laces of my shoe

G   D   A   Asus4
Tangled up in blue

| A   Asus4 | A   Asus4 | A   Asus4 ||

Verse 5

A*   G6/A   A*   G6/A
She lit a burner on the stove and offered me a pipe

A*   G6/A
"I thought you'd never say hello," she said

      D
"You look like the silent type"

        A*   G6/A   A*   G6/A
Then she opened up a book of poems and handed it to me

A*   G6/A   D
Written by an Italian poet from the thirteenth century

      E   F♯m
And every one of them words rang true

      A   D
And glowed like burnin' coal

E   F♯m
Pourin' off of every page

        A   D   E
Like it was written in my soul from me to you

G   D   A   Asus4
Tangled up in blue

| A   Asus4 | A   Asus4 | A   Asus4 ||

Verse 6

    A*   G6/A
I lived with them on Montague Street

      A*   G6/A
In a basement down the stairs

         A*   G6/A
There was music in the cafés at night

        D
And revolution in the air

        A*   G6/A
Then he started into dealing with slaves

      A*   G6/A
And something inside of him died

A*   G6/A   D
She had to sell everything she owned and froze up inside

cont.

    E   F♯m   A   D
And when finally the bottom fell out I became withdrawn

    E   F♯m
The only thing I knew how to do

      A   D   E
Was to keep on keepin' on like a bird that flew

G   D   A   Asus4
Tangled up in blue

| A   Asus4 | A   Asus4 | A   Asus4 ||

Verse 7

    A*   G6/A   A*   G6/A
So now I'm goin' back again, I got to get to her somehow

A*   G6/A   D
All the people we used to know they're an illusion to me now

A*   G6/A A*   G6/A
Some are mathematicians, some are carpenters' wives

    A*   G6/A
Don't know how it all got started

      D
I don't know what they're doin' with their lives

    E   F♯m   A   D
But me, I'm still on the road headin' for another joint

E   F♯m
We always did feel the same

    A   D   E
We just saw it from a different point of view

G   D   A   Asus4
Tangled up in blue

| A   Asus4 | A   Asus4 | A   Asus4 ||

Coda

||: A* G6/A | A* G6/A | A* G6/A | D   :||

| E   F♯m | A   D | E   F♯m | A   D |

| E | G D A ||

Simple Twist Of Fate

Words & Music by
Bob Dylan

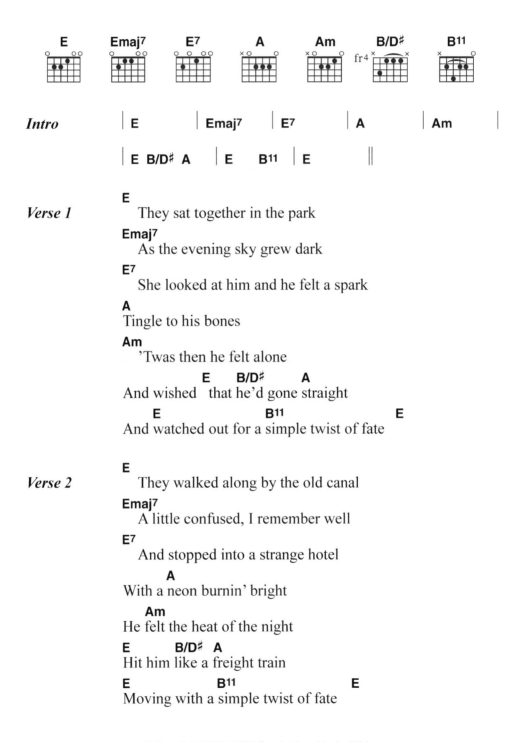

| E | Emaj7 | E7 | A | Am | B/D♯ | B11 |

Intro

| E | Emaj7 | E7 | A | Am |

| E B/D♯ A | E B11 | E |

Verse 1

E
They sat together in the park
Emaj7
As the evening sky grew dark
E7
She looked at him and he felt a spark
A
Tingle to his bones
Am
'Twas then he felt alone
              E   B/D♯   A
And wished   that he'd gone straight
            E   B11   E
And watched out for a simple twist of fate

Verse 2

E
They walked along by the old canal
Emaj7
A little confused, I remember well
E7
And stopped into a strange hotel
           A
With a neon burnin' bright
           Am
He felt the heat of the night
E   B/D♯ A
Hit him like a freight train
E   B11   E
Moving with a simple twist of fate

Verse 3

E
    A saxophone someplace far off played

Emaj7
    As she was walkin' by the arcade

E7
    As the light bust through a beat-up shade

      A
Where he was wakin' up

        Am
She dropped a coin into the cup

    E   B/D♯ A
Of a blind man at the gate

E   B11   E
    And forgot about a simple twist of fate

Solo | E | Emaj7 | E7 | A |

              | Am | E B/D♯ A | E   B11 | E ||

Verse 4

E
    He woke up, the room was bare

Emaj7
    He didn't see her anywhere

E7
    He told himself he didn't care

       A
Pushed the window open wide

      Am
Felt an emptiness inside

         E   B/D♯ A
To which he just could not relate

E   B11   E
    Brought on by a simple twist of fate

Verse 5

E
    He hears the ticking of the clocks

Emaj7
    And walks along with a parrot that talks

E7
    Hunts her down by the waterfront docks

      A
Where the sailors all come in

      Am   E B/D♯   A
Maybe she'll pick him out again, how long must he wait

E   B11   E
Once more for a simple twist of fate

Verse 6

E
   People tell me it's a sin

Emaj7
    To know and feel too much within

E7   A
    I still believe she was my twin, but I lost the ring

Am   E   B/D♯   A
She was born in spring, but I was born too late

E   B11   E
    Blame it on a simple twist of fate

Coda

| E | Emaj7 | E7 | A | |
| Am | E B/D♯ A | E | B11 | E | |

44

The Times They Are A-Changin'

Words & Music by
Bob Dylan

G5   Em   C   D   Am   Cadd9   G/B   D/A

Verse 1

     G5   Em   C   G5
Come gather 'round people wherever you roam
                 Em   C   D
And admit that the waters around you have grown
     G5   Em   C   G5
And accept it that soon you'll be drenched to the bone
          Am   D
If your time to you is worth savin'
               Cadd9   G/B   D/A
Then you better start swimmin' or you'll sink like a stone
     G5   C   G5
For the times they are a-changin'

Link 1

| G5 | Em C | G5 | G5 ||
(in')

Verse 2

     G5   Em   C   G5
Come writers and critics who prophesize with your pen
                Em   C   D
And keep your eyes wide the chance won't come again
     G5   Em   C   G5
And don't speak too soon for the wheel's still in spin
           Am   D
And there's no tellin' who that it's namin'
         Cadd9   G/B   D/A
For the loser now will be later to win
     G5 C   D   G5
For the times they are a-changin'

45

Link 2 | G5 Em | C G5 | G5 D | Cadd9 G/B | D/A | D/A   ‖
(in')

Verse 3
       G5   **Em**   **C**   **G5**
Come senators, congressmen, please heed the call
             Em   **C**   **D**
Don't stand in the doorway, don't block up the hall
    G5   **Em**   **C**   **G5**
For he that gets hurt will be he who has stalled
           Am   **D**
There's a battle outside and it is ragin'
           Cadd9   **G/B**   **D/A**
It'll soon shake your windows and rattle your walls
      G5   **C**   **D**   **G5**
For the times they are a-changin'

Link 3 | G5 | D Cadd9 | D G5 ‖
(in')

Verse 4
     G5   **Em**   **C**   **G5**
Come mothers and fathers throughout the land
         Em   **C**   **D**
And don't criticize what you can't understand
    G5   **Em**   **C**   **G5**
Your sons and your daughters are beyond your command
        Am   **D**
Your old road is rapidly agin'
          Cadd9   **G/B**   **D/A**
Please get out of the new one if you can't lend your hand
     G5   **D**   **G5**
For the times they are a-changin'

Link 4 | G⁵ | Em C | G⁵ | D Cadd⁹ |
(in')

| G/B D/A | D/A G⁵ | C D | G⁵ | G⁵   ‖

Verse 5
           Em   C   G⁵
The line it is drawn, the curse it is cast

           Em   C   D
The slow one now will later be fast

    G⁵   Em   C   G⁵
As the present now will later be past

The order is rapidly fadin'

         Am   D
And the first one now will later be last

          Cadd⁹   G/B   D/A
For the times they are a-changin'

   G⁵   Em   D   G⁵

(in')

Coda | G⁵ | Em C | G⁵ | Em C   ‖

Relative Tuning

The guitar can be tuned with the aid of pitch pipes or dedicated electronic guitar tuners which are available through your local music dealer. If you do not have a tuning device, you can use relative tuning. Estimate the pitch of the 6th string as near as possible to E or at least a comfortable pitch (not too high, as you might break other strings in tuning up). Then, while checking the various positions on the diagram, place a finger from your left hand on the:

5th fret of the E or 6th string and **tune the open A** (or 5th string) to the note Ⓐ

5th fret of the A or 5th string and **tune the open D** (or 4th string) to the note Ⓓ

5th fret of the D or 4th string and **tune the open G** (or 3rd string) to the note Ⓖ

4th fret of the G or 3rd string and **tune the open B** (or 2nd string) to the note Ⓑ

5th fret of the B or 2nd string and **tune the open E** (or 1st string) to the note Ⓔ

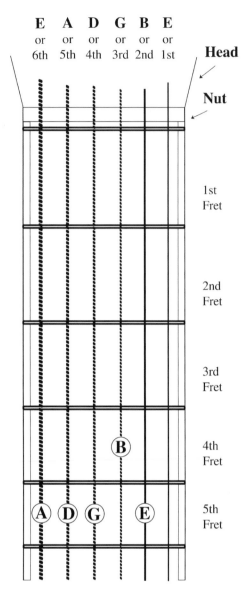

Reading Chord Boxes

Chord boxes are diagrams of the guitar neck viewed head upwards, face on as illustrated. The top horizontal line is the nut, unless a higher fret number is indicated, the others are the frets.

The vertical lines are the strings, starting from E (or 6th) on the left to E (or 1st) on the right.

The black dots indicate where to place your fingers.

Strings marked with an O are played open, not fretted. Strings marked with an X should not be played.

The curved bracket indicates a 'barre' - hold down the strings under the bracket with your first finger, using your other fingers to fret the remaining notes.

N.C. = No chord.

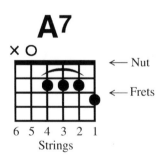

48